AF224368

CAUSERIES BRETONNES

OU

REMARQUES SUR LA FORMATION

DE LA

LANGUE CELTO-BRETONNE

N'e ked aoualañ gouzout,
Red eo yve lavarout.
Ce n'est pas assez de savoir,
Il faut aussi le faire voir.

Gant labour eaz,
Den ne vez feaz.
Quand un travail plaît, vous intrigue,
Le temps s'écoule sans fatigue.

PARIS

CHEZ L'AUTEUR, Eugène LE BOS,

19, RUE CLAUZEL (Martyrs)

ET CHEZ LES LIBRAIRES DE LA BRETAGNE.

1877 – [1879]

CAUSERIES BRETONNES

OU

REMARQUES SUR LA FORMATION

DE LA

LANGUE CELTO-BRETONNE

N'e ked a$\widetilde{\text{g}}$alañ gõzõñt,
Red eo yve lavarõñt.
Ce n'est pas assez de savoir,
Il faut aussi le faire voir.

Gant labõñr eaz,
Den ne vez feaz.
Quand un travail plaît, vous intrigue,
Le temps s'écoule sans fatigue.

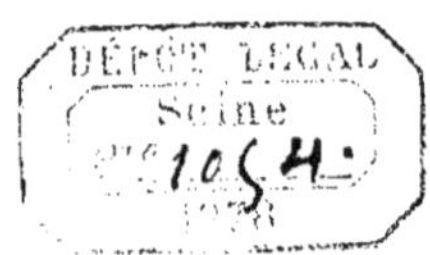

PARIS

CHEZ L'AUTEUR, Eugène LE BOS,

19, RUE CLAUZEL (Martyrs)

ET CHEZ LES LIBRAIRES DE LA BRETAGNE.

—

1877

Paris. — Impr. dans toutes les langues de L. HUGONIS, 56, rue N.-D.-de-Lorette.

PRÉFACE

Mon but, en commençant cette causerie, était tout simplement de démontrer en quelques lignes, comment la langue **Celto-Bretonne** a été formée et donnée à l'homme par le Créateur de toutes choses Mais j'ai été forcément entraîné dans des explications beaucoup plus étendues que je ne m'y attendais.

Dieu a dit à l'homme : A, du mouvement, en avant, on va, il va, va. A est le principe de la vie; c'est la base, c'est la clef de la langue **Celto-Bretonne.**

Vous suivez cet A comme un jet d'eau claire et limpide qui sort d'un rocher de cristal, et vous êtes tout étonné de vous trouver sur les bords d'un ruisseau fleuri. Vous suivez toujours le même cours d'eau et vous découvrez une belle rivière qui vous conduit à un beau fleuve, et sans vous en douter vous arrivez à l'Océan par un temps splendide.

Jusque-là tout va bien. Vous êtes dans l'enchantement et tellement heureux que vous n'avez seulement pas songé à regarder quel chemin vous avez suivi.

> Gant laboûr eaz,
> Den ne vez feaz.

> Quand un travail plaît, vous intrigue,
> Le temps s'écoule sans fatigue.

Mais vient le moment de penser au retour et c'est alors que l'embarras commence. Pour la première fois vous vous apercevez qu'il y a de forts courants qui se heurtent, plusieurs affluents qui se confondent, et cependant vous avez pour tâche de remonter à la vraie source, pour faire la description de tout ce que vous avez vu sur votre passage. Rien ne doit être avancé sans une preuve à l'appui.

> Ce n'est pas le tout que de dire,
> Il faut aussi pouvoir produire.

> N'e ked aoüalac'h goûzoût,
> Red eo yve lavaroût.

> Ce n'est pas assez de savoir,
> Il faut aussi le faire voir.

L'Océan, c'est la Poésie.
Le rocher en cristal, c'est A plus B. E. O. Beo, vivant.
Ned a ket, ne va pas. Bez hez a, il va.
Cher lecteur, j'ai fait le voyage dont il vient d'être question et j'ai entrepris d'en donner les détails. Tout ce que je demande, c'est de ne pas me perdre dans un labyrinthe avant d'arriver à la source du **rocher en cristal.**

EUGÈNE LE BOS.

Paris, août 1877.

ALPHABET

L'alphabet Celto-Breton est composé de vingt-neuf lettres dont voici l'ordre, la figure et le nom.

| CARACTÈRES D'IMPRIMERIE. | | FORMES MANUSCRITES. | | NOMS. |
Majuscules.	Minuscules.	Majuscules.	Minuscules.	
A	a			a
B	b			bé
K	k			ké
D	d			dé
E	e			é
F	f			fé
G	g			gué
H mud	h muet			hé mud
Ħ rust	{ ħ guttural			{ ħé rust
C'H guttural	{ c'h rust			{ c'hé guttural
CH	ch			ché
I	i			i
J	j			jé
L	l			lé
M	m			mé
N	n			né
O	o			o
P	p			pé
R	r			ré
S	s			sé
T	t			té
U	u			u
V	v			vé
X	x			kzé
Y penn lizerenn	y lettre initiale			i penn-lizerenn
Z	z			zé
Æ	æ			aé
Œ	œ			oé
Ü	ü			eu
Ŏ W	ŏ w			ou

Quelques auteurs, en traitant des divers dialectes celto-bretons, prêtent parfois au langage du Léon, une prononciation qui est loin d'être exacte, du moins en ce qui concerne l'idiome des environs de Saint-Pôl-de-Léon.

Ainsi, d'après le père Grégoire de Rostrenen et M. Le Brigant de Pontrieux, on prononcerait,

En Léon : Barnür, Gwarnür, Kanür, Evür, Toür.
           Juge, Gouverneur, Chanteur, Buveur, Couvreur,

tandis que la vraie prononciation est :

           Barner, Gwarner, Kaner, Ever, Toer.

Certains mots ne se prononcent pas à Saint-Pôl-de-Léon conformément à l'orthographe de M. Le Gonidec ou de M. Troude.

Ainsi on dit : Dimesi, Drebi, Dispign, Gelei, Herio.
Au lieu de : Dimisi, Dibri, Daspuñ, Goloi, Hirio.
              Marier, Manger, Dépenser, Couvrir, Aujourd'hui.

Dans le langage ordinaire on dit,

A Saint-Pôl : Karet, Kemeret, Gwelet, Lavaret, Sellet.
               Aimer, Prendre, Voir, Dire, Regarder.

Seulement quand il s'agit de faire rimer, on peut dire,
A Saint-Pôl : Karꝏt, Kemerꝏt, Gwelꝏt, Lavarꝏt, Sellꝏt.

Généralement les contractions sont rares à Saint-Pôl, cependant on prononce souvent Ato au lieu de Atao, Toujours.

Il n'est peut-être pas inutile de donner un aperçu de la prononciation du Breton de Saint-Pôl-de-Léon, dont certains écrivains n'ont pas une idée très-juste.

Avant d'aller plus loin, il est bon de faire remarquer que chacun des sons français **eu, ou**, est représenté en celto-breton par un seul caractère :

Ŭ, ŭ a le son de eu en français dans feu, jeu.

O͞V, o͞v a le son de ou en français dans coucou.

Ŭ, O͞V ont par eux-mêmes un son aussi pur et aussi net que a, e, i, o, u, et ne sont nullement un produit mélangé, comme pourrait le faire supposer l'orthographe française qui exige deux voyelles pour indiquer un seul son naturel.

Ce principe est nécessaire à établir, car c'est une des bases de la formation de la langue celto-bretonne, indispensable pour la composition d'une procodie.

Comme il sera souvent question de voyelles longues ou brèves et de diphthongues, on peut les représenter de la manière suivante :

- ‾ Le trait horizontal désignera un son long.
- ‿ Le c renversé indiquera un son bref.
- ⌢ La courbe en sens inverse annoncera une diphthongue.

La prononciation du celto-breton différant d'après les dialectes, il est difficile de désigner les diphthongues d'une manière générale, mais en prenant en particulier l'idiome de Saint-Pôl-de-Léon, on peut poser les principes fondamentaux suivants :

1º Dans le dialecte de Saint-Pôl-de-Léon, il n'y a pas de diphthongues. Chaque voyelle se prononce isolément et forme une syllabe :

Ŭnn,	Un,	Une syllabe.
Daŏŭ,	Deux,	Deux syllabes.
Laŏŭal,	Laoual,	Trois syllabes.
Miaŏŭa,	Miauler,	Quatre syllabes.

Vers de huit syllabes : Ha zŭĕ ŭz a gŭer a Is
      D'ann oferen da Laŏŭal.

     Venaient de la ville d'Is
     A la messe à Laoual.

   Submersion de la ville d'Is (vme siècle). *Barzaz-Breiz.*

2º Dans tous les mots, l'avant-dernière syllabe, c'est-à-dire la **pénultième** est longue et la **finale** brève. Toutes les autres syllabes sont brèves, sauf de rares exceptions, comme Ēŭrŭz, Heureux.

Bāră,	Bănnĕ,	Ālĭ,	Gŏŭlĭ.
Pain,	Goutte,	Avis,	Plaie.
Bărāŏŭ,	Bănnēŏŭ,	Ălĭŏŭ,	Gŏŭlĭŏŭ.
Des pains,	Des gouttes,	Des avis,	Des plaies.

En poésie, pour la facilité de la mesure, il a été fait des exceptions qui indiquent la prononciation de certains autres dialectes. Mais dans l'idiome de Saint-Pôl-de-Léon, il est facultatif, sauf dans un petit nombre de cas, de faire une syllabe de chaque voyelle ou de suivre ces exceptions qui peuvent se résumer de la manière qui va être expliquée.

On dit qu'il y a **diphthongue** ou **synérèze**, quand deux voyelles s'unissent pour former une seule syllabe et se prononcent en une seule émission de voix, tout en conservant le son qui est particulier à chacune d'elles.

On entend par **diérèze**, division de deux voyelles en deux syllabes.

3º Quand un mot finit par trois voyelles, on peut, d'après la règle générale nº 1, en faire autant de syllabes qu'il y a de voyelles :

Ălĭŏ,	Răĭŏ,	Rŏĭŏ,	Dĭstrŏĭŏ.
Ira,	Fera,	Donnera,	Retournera.

Ou bien on peut lier les deux premières voyelles pour former une diphthongue ou une seule syllabe qui devient **pénultième** et la troisième voyelle seule forme la **finale** :

Ai͡-ŏ,	Rai͡-ŏ,	Roi͡-ŏ,	Dĭstroi͡-ŏ.
Ira,	Fera,	Donnera,	Reviendra.

Ou bien encore, la première voyelle reste seule pour faire la **pénultième** et les deux dernières s'unissent en diphthongue pour former la **finale** :

Ā-io͡,	Rā-io͡,	Rō-io͡,	Dĭstrō-io͡.
Ira,	Fera,	Donnera,	Reviendra.

4° Dans certains mots renfermant trois voyelles qui se suivent, il est préférable d'unir les deux premières en diphthongue :

Mŭi-ă,	Ya-ŏd,	Ya-ŏv,	Yŏv-ăl.
Plus,	Herbe,	Jeudi,	Crier.

5° Dans certains mots renfermant trois voyelles qui se suivent, il vaut mieux lier les deux dernières en diphthongue :

Mă-ŏvez,	Pă-ŏvez,	Ā-iŏv !	Lā-ŏven.
Femme,	Cesser,	Aï !	Joyeux.

6° Dans les substantifs dont le pluriel se forme du singulier par l'addition de ien, iŏv, les deux voyelles finales, signe du pluriel, forment une diphthongue obligatoire et par conséquent une seule syllabe :

Bārnŏr,	Kānŏr,	Āmzŏr,	Ānkŏn.
Juge,	Chanteur,	Temps,	Affliction.
Bărnērièn,	Kănērièn,	Ămzēriŏv,	Ănkōniŏv.
Des Juges,	Chanteurs,	Temps,	Afflictions.

REMARQUE. — Il ne faut pas confondre la terminaison iŏv qui s'ajoute à un substantif singulier pour en faire un pluriel, avec la terminaison iŏv d'un mot qui finit au singulier par i et qui prend ŏv au pluriel, ni avec un mot finissant naturellement par iŏv. Ces derniers mots suivent la règle n° 1, chaque voyelle comptant pour une syllabe. Exemples :

Vi,	Hŏărĭ,	Făllōnĭ,	Gri.
OEuf,	Jeu,	Malice,	Couture.
Viŏv,	C'hŏărĭŏv,	Făllŏnĭŏv,	Griŏv.
Des œufs,	Des jeux,	Des malices,	Des coutures.

Liŏv,	Riŏv,	Piŏv ?	Bĭnĭŏv,	Dĭŏv.
Couleur,	Froid,	Qui ?	Biniou,	Doux.

7° Quand un mot finissant par deux voyelles, vient à prendre une syllabe supplémentaire, la **finale** devenue **pénultième,** peut se lier avec l'**antépénultième** pour former une diphthongue ou une seule syllabe :

Āĕr,	Lăĕr,	Lŏĕn,	Blĕïz.
Couleuvre,	Voleur,	Animal,	Loup.
Āĕrĕd,	Lăĕrĭŏn,	Lŏĕnĕd,	Blĕïzi.
Des couleuvres,	Voleurs,	Animaux,	Loups.

Brĕïz,	Pŏăn,	Păŏtr,	Bŭŏz.
Bretagne,	Peine,	Garçon,	Vie.
Brĕïzăd,	Pŏania,	Păŏtrĕd,	Bŭĕzŏk.
Breton,	Se tourmenter,	Garçons,	Vivace.

8° Quand la **pénultième** et l'**antépénultième** sont des voyelles séparées de la **finale** par une consonne ou deux, elles peuvent s'unir pour former une diphthongue ou une seule syllabe :

Kreĭzkŏr,	Kŏvezŭ,	Nŏazdŏr,	Raŏvlă.
Milieu de la ville.	Tomber,	Nudité.	Enrouer.

9° Quand quatre voyelles se suivent dans un seul mot, on peut, selon la règle générale n° 1, en faire quatre syllabes :

Yăŏvănk,	Mĭăŏvă,	Dŭăĭŏ.	Quatre syllabes.
Jeune,	Miauler.	Noircira.	

Sĭlĭăŏvă,	Bĭnĭăŏvă,	Dĭspĭăŏvă.	Cinq syllabes.
Pêcher des anguilles	Jouer du biniou,	Déposséder.	

10° Quand quatre voyelles se suivent dans le même mot, on peut lier les deux premières en diphthongue pour former une syllabe, laisser la troisième longue pour faire la **pénultième** et la quatrième devient **finale** :

Ya-ŏv-ănk,	Mĭa-ŏv-ă,	Dŭa-ĭ-ŏ.	Trois syllabes.
Jeune,	Miauler,	Noircira.	

11° Quand quatre voyelles se suivent dans le même mot, on peut réunir les deux premières en une diphthongue et les deux dernières en une autre diphthongue, pour ne former que deux syllabes avec les quatre voyelles, c'est ce qui est le plus souvent adopté :

Ya-ŏvank,	Mĭa-ŏva,	Dŭa-ĭŏ.	Deux syllabes.
Jeune,	Miauler,	Noircira.	

12° Gw, Gŏ͞v se lient très-souvent à la voyelle suivante pour former une diphthongue obligatoire :

Gwall,	Gwern,	Gwin,	Gwir.
Méchant,	Mat,	Vin,	Vrai.
Gŏvez,	Gŏvell,	Gŏvel,	Gŏver.
Des arbres,	Mieux,	Levain,	Des verres.

13° Gw, Gŏ͞v forment une syllabe à part et ne se lient pas en diphthongue avec la voyelle suivante, dans un petit nombre de mots seulement :

Gŏvŏz,	Gŏvĕl,	Gŏvĕl,	Gŏvĕr.
Sauvage,	Voile,	Fête,	Ruisseau.

14° UI forment très-souvent une diphthongue obligatoire dans les mots qui s'écrivent aussi par wi, ŏvi :

Muĭă,	Guĭădŏr,	Guin,	Guĭnĭz.
Plus,	Tisserand,	Vin,	Froment.

15° LHI s'unissent à la voyelle suivante dans les mots qui ont le son de deux LL mouillés comme en Français dans famille. C'est une diphthongue obligatoire :

Fūlhĭa,	Skūlhĭa,	Kēlhĭen,	Kīlhĭov.
Brouiller,	Verser,	Des mouches,	Des quilles.

16° NI se lient à la voyelle suivante, pour former une diphthongue obligatoire dans les mots qui s'écrivent aussi par Gn ou par Ñ, avec le son de gn dans campagne :

Kŏānĭa,	Pŏānĭa,	Bērnĭa,	Mīnĭon.
Souper,	Tourmenter,	Ammonceler,	Ami.

17° OA dans koant, joli, se trouvent tantôt pour une, tantôt pour deux syllabes :

Vers de 8 syllabes.   Va dŏŭsik kŏănt da viret.

Ma douce amie à garder.
Vieille chanson bretonne.

Vers de 8 syllabes.   Setu aman hoñ eostik kŏant.
Le Rossignol. (XIIᵉ siècle). ***Barzaz-Breiz.*** (Page 154.)

Y lettre initiale, s'unit ordinairement à la voyelle suivante :

Yann,	Yod,	Yun,	Yovl.
Jean,	Bouillie,	Jeûne,	Désir.

YA comptent pour deux syllabes dans yă zur, yă da, oui certes.

En Léon on prononce parfois yā, oui, comme en Tréguier, c'est-à-dire, en glissant sur la première voyelle pour appuyer sur la dernière. Alors il y a diphthongue dans yā, oui.

IA verbe, forment une seule syllabe : Me ha īā, je vais.

IA verbe, se trouvent aussi pour deux syllabes dans la Meunière de Pontaro :

Vers de 6 syllabes.   Ha ! ma mel ha īă,
Diga, diga da !

Ah ! Mon moulin va. — Diga, diga da !
La Meunière de Pontaro. Barzaz-Breiz. (Page 457.)

YE comptent pour une seule syllabe dans yēn, froid,
Et pour deux syllabes dans yĕz, dialecte.

Vers de 6 syllabes.   Ho yēz ha viront.
Ils conservent leur langue.
Talɪésɪn. (vɪᵉ siècle.)

Plusieurs observations sur les diphthongues devront se présenter naturellement pendant l'examen qu'il s'agit de faire, lettre par lettre, de la prononciation du Celto-Breton.

Dans le Léon, il y a plusieurs manières de prononcer, mais ici il est question du dialecte de Saint-Pôl-de-Léon qui sera, par abréviation, désigné sous le nom de **Léon** seul, en opposition avec le langage de **Tréguier** qui, lui aussi, a différentes nuances de prononciation suivant les cantons.

Comme il ne s'agit ici que d'une simple causerie, il sera, aussi souvent que possible et toutes les fois que l'occasion s'en présentera, fait choix **à dessein**, d'expressions et de mots véritablement bretons, en usage dans les environs de Saint-Pôl-de-Léon, et dont il n'est fait aucune mention dans les ouvrages de M. Le Gonidec ni de M. Troude. On se tromperait grandement si l'on croyait qu'un mot n'est pas breton parce qu'il ne se trouve pas dans leurs dictionnaires.

Il n'est pas question ici de poser des règles avec la prétention de les rendre obligatoires ; le but est plus modeste. Il suffit de faire de simples remarques en acceptant tout ce qui est bon, de quelque part qu'il vienne, et en rejetant tout ce qui est mauvais, quelle qu'en soit la provenance. L'homme de sa nature est sujet à l'erreur, personne n'en est exempt.

Un homme d'une grande valeur, passant pour faire autorité, peut se tromper, et s'il vient à commettre une erreur, on ne peut pas, pour lui donner raison, changer l'ordre de la nature, comme la mode peut changer cuiller en cuillère et transformer le masculin en féminin.

La mode est capricieuse, c'est le miroir des idées du jour. Sous la première République, on appréciait fort tout ce qui respire la force, l'énergie, le courage, par exemple, un front large et élevé comme celui de Kléber.

Sous la troisième République, on n'aime que ce qui a un air efféminé, ce qui donne un air de **petit crevé**. Les jeunes gens se coiffent à **l'Amant d'Amanda**, avec les cheveux leur tombant jusqu'aux sourcils comme les macaques du Jardin-des-Plantes ; et les femmes, avec les cheveux leur cachant entièrement le front et même les yeux, font tout ce qu'elles peuvent pour ressembler à des guenons, avec cette différence que ces dernières n'emploient pas de poudre de riz, parce qu'elles ne veulent pas avoir la gueule enfarinée et peut-être aussi par la raison qu'elles n'ont pas à cacher des dartres farineuses sous une épaisse couche de poudre veloutine au bismuth.

Un autre signe des temps !

La jeune école, surtout celle des **Libres Penseurs**, prétend que la vieillesse n'a droit à aucune considération, à aucun respect, parce qu'on y arrive naturellement et sans effort.

Cette nouvelle doctrine est mise en avant par de jeunes crevés qui n'atteindront même pas l'âge mûr, parce qu'ils brûlent la chandelle par les deux bouts. Ils n'ont déjà plus d'huile dans leur lampe et, au premier jour, pour n'avoir pas su se conduire, ils s'éteindront comme de méchants lampions, avant d'avoir connu les soucis, les tribulations de la vie et sans avoir eu à lutter contre les vicissitudes de fortune qu'ont pu avoir à surmonter ceux qui arrivent à un âge avancé.

Il n'est pas aussi facile qu'on le croit de devenir vieux. Pour cela il faut encore posséder plus de qualités qu'on ne pense. Il faut d'abord être bien constitué au physique et au moral. C'est quelque chose!

N'arrivent pas à la vieillesse :

Les rachitiques, phthisiques, anémiques;

Ceux que leurs mauvais penchants conduisent prématurément à la potence, au pal, à la guillotine;

Ceux qui n'ont pas assez de force de caractère pour surmonter un moment d'adversité et se suicident lâchement;

Et tant d'autres !

Tous ceux qui arrivent à la vieillesse, n'ont pas toujours marché sur des roses. Ils ont eu le temps de voir le bon et de connaître le mauvais. Ils ont acquis de l'expérience, de la sagesse et, à ce titre, ils ont droit au respect des jeunes.

Dans tous les pays et à toutes les époques, les vieillards ont été un objet de vénération pour les gens raisonnables et, quoi que dise et fasse la jeune école, elle n'arrivera jamais à éteindre les bons sentiments dans les peuples qui ne tombent pas en dissolution et dans la dépravation.

Il est vrai qu'on est forcé de reconnaître qu'il y a de fameuses vieilles croûtes! mais il y en a à tout âge!!

Le peuple français arrivera un jour à comprendre que cette jeune école, qui flatte tous les mauvais instincts et ne vit que de désordre, ne peut pas faire son bonheur.

Dès ce moment, il laissera de côté les perturbateurs de profession, tous les hâbleurs, sauteurs, saltimbanques et charlatans qui veulent un bouleversement général pour pouvoir faire leur beurre.

Quand la France ouvrira les yeux à la vraie lumière, elle enverra paître aux landes tous les Républicains, Monarchistes et Impérialistes qui mettent leur parti au-dessus de la France et qui ont pour devise :

Périsse la France plutôt que notre parti !

Le bienheureux jour que la France comprendra bien ses intérêts, elle aura :

Un Gouvernement Français, sans autre dénomination;
Un Chef de l'Etat   Français, sans autre dénomination;
Un Sénat   Français, sans autre dénomination;
Des Représentants Français, sans autre dénomination.
Le Chef de l'Etat, Français, nommé à vie.

Quand il n'y aura plus que des Français en France, eh bien! alors nous pourrons vivre tranquilles.

Une remarque à faire, c'est que ce sont ceux qui parlent tant du bonheur du peuple, qui cherchent le plus à s'engraisser à ses dépens. Dans un moment de trouble et de fermentation, on voit la lie monter à la surface, mais dès qu'arrive le jour de calme, elle retombe à sa place,

***

La **prononciation** fixant la quantité de syllabes qu'il y a dans un mot et une quantité déterminée de syllabes, placées dans un certain ordre, formant un vers, il est à propos de jeter un coup d'œil sur ce qu'on appelle la **prosodie** et de voir ce que l'on dit de l'art de faire des vers, c'est-à-dire d'examiner ce que c'est que la poésie bretonne.

La **versification bretonne** est basée sur la **rime** et la **mesure**.

La **rime**, c'est l'uniformité du son dans la terminaison des mots. Cette similitude de son est plus ou moins grande suivant qu'il y a **consonnance** ou **articulation**.

La **consonnance** est l'uniformité de son produite par les voyelles dans les mots qui terminent les vers.

En poésie, par **consonnance**, on entend le son des deux dernières voyelles ou de la dernière voyelle et de la consonne suivante, comme dans :

Ai, eo, ar, ed, ok, or. oñt.

L'**articulation** est la prononciation distincte des syllabes formées de voyelles et de consonnes.

En poésie, on entend par **articulation**, le son produit par la dernière voyelle, la consonne qui la précède et celle qui la suit, c'est-à-dire par la dernière syllabe du vers :

Rai, Beo, Gar, Ped, Pok, Dor.
Bro, Sko, Tra, Pe, Tri. Du

L'**assonance** est une conformité approximative de son dans la **désinence**, comme :

Sombre et tendre, perdre et tertre, tombe et onde.
Staga, attacher et gwerza, vendre ; goñdé, après et marteze, peut-être.

La **désinence** est la terminaison des mots.

La **mesure** est la quantité de syllabes qui entrent dans le vers.

Les plus longs vers bretons sont de 15 syllabes, mais il y en a aussi de 13, de 12, de 11, de 10, de 9, de 8, de 7, de 6, de 5, de 4, de 3, de 2 et même d'une seule syllabe.

M. Hersart de la Villemarqué ne donne pas de vers d'une seule syllabe dans son recueil de poésies bretonnes intitulé *Barzaz-Breiz*, mais ce n'est pas une raison pour qu'il n'y en ait pas. Il peut y en avoir et, si on n'en trouve pas, eh bien! on en compose.

C'est dans cet ouvrage de M. Hersart de la Villemarqué que seront le plus souvent pris les exemples qui vont être ici nécessaires. Ce recueil contient les chants des plus anciens bardes bretons comme Gwenc'hlan, Taliesin, Merlin, Liwarc'hen et autres qui vivaient au v° et au vi° siècle, tels qu'ils ont été publiés, par Owen Jones dans son ouvrage intitulé :

Myvirian Archaiology of Wales.

Ces poésies, dont l'authenticité est incontestable, sont écrites dans le langage qu'on parle encore aujourd'hui, ce qui prouve que le **Breton** n'a pas changé, malgré tous les efforts qui ont été faits pour le détruire. Ce n'est pas un jargon comme on a voulu le prétendre, c'est une langue primitive et riche. Quelle est la langue qui peut, sans avoir recours à la forme passive, rendre de sept manières ces trois mots? Je le vois.

> Me ha vel a nez han.
> Bez he velan a nez han.
> Gwelet ha ran a nez han.
> Me hen gwel.
> Me he vel.
> Hen gwelet ha ran.
> He velet ha ran.

On trouve encore dans *Barzaz-Breiz*, les œuvres de plusieurs poëtes plus modernes. L'orthographe des différents auteurs qui seront cités ici, sera rigoureusement observée.

On applique encore le mot de **pied** aux vers et alors par **pied**, on entend deux syllabes. Ainsi un vers de quinze syllabes a sept pieds et demi, un vers de douze syllabes a six pieds et ainsi de suite pour les autres.

On dit qu'un vers n'est pas sur ses pieds quand il n'a pas le nombre voulu de syllabes.

On donne aussi le nom de **mètre** à la mesure totale d'un vers. Écrire dans tel mètre, c'est adopter telle mesure de vers.

Les **petits vers**, ceux qui ont moins de cinq pieds ou dix syllabes, ne sont pas assujettis à la **césure**, comme les **grands vers** de dix syllabes et au-dessus.

La **césure** est un repos ou une coupure qui a lieu après un certain nombre de syllabes. Il n'est pas nécessaire que le repos de la césure soit marqué par un signe de ponctuation ; il suffit que le sens de la phrase l'indique.

La césure, la rime, l'arrangement des mots et le choix des expressions, produisent l'harmonie, la cadence, le rhythme (**ann ton**).

Les vers de quinze syllabes ont une césure après la huitième ; ceux de treize, tantôt après la sixième, tantôt après la septième ; ceux de douze après la sixième et ceux de dix après la quatrième syllabe.

Les grands vers sont ainsi divisés en deux parties pour ainsi dire distinctes.

Les vers de six pieds ou de douze syllabes se partagent en deux parties égales appelées **hémistiches**.

La phrase finit régulièrement avec le vers, mais quand, par extraordinaire, il y a **enjambement**, c'est-à-dire, quand la phrase ne finit pas à la rime, elle doit se terminer à la césure du vers suivant, par exemple, à la sixième syllabe d'un vers de six pieds, à la quatrième syllabe d'un vers de cinq pieds et ainsi de suite.

Si l'enjambement n'arrive pas à la césure, les mots projetés sont ordinairement suivis d'un développement qui complète le vers.

Il faut éviter de séparer par la césure, l'article de son substantif, la préposition de son complément.

L'auxiliaire peut être séparé de son participe et le sujet de son verbe, par une parenthèse, par des mots explicatifs ou qualificatifs.

La rime est **riche** ou **suffisante**.

La rime est riche, quand, à la conformité de consonnance, elle joint celle de l'articulation. La rime est riche entre :

Lagad,	Œil	et Bagad,	Batelée.
Lavaret,	Dire	et Karet,	Aimer.
Miliner,	Meunier	et Keginer,	Cuisinier.
Baradoz,	Paradis	et Nadoz,	Aiguille.

Pour que la rime soit riche, il suffit que l'articulation soit semblable, comme dans :

Piltoz,	Billot	et Gortoz,	Attendre.
Ober,	Faire	et Enber,	Tantôt.
Rampa,	Ramper	et Trempa,	Tremper.
Gervel,	Appeler	et Henvel,	Nommer.

La rime peut être riche sans que l'orthographe des mots soit pareille, pourvu que les sons soient exactement les mêmes, comme dans :

Rom, ville de Rome et Rhum, du rhum.

RIMES RICHES ou SUFFISANTES.

EXEMPLES DE VERS A RIMES RICHES :

Vers de 8 syllabes.
    Mard-eo gan-in stouet ma bek,
    Mar'm euz keuz, ne ket heb abek.

    Si j'ai la tête baissée,
    Si je suis chagrin, ce n'est pas sans motif.
        La Prophétie de Gwenc'hlan. (ve siècle.)
          Barzaz-Breiz (Page 20.)

Vers de 8 syllabes.
    Tec'hed a ra saoz penn da benn,
    Pa leveromp-ni : torr he benn!

    Le Saxon fuit sur toute la ligne,
    Quand nous disons, nous : casse lui la tête.
                 BRIZEUX.

La rime est **suffisante**, quand les mots finissent par les mêmes sons, sans que l'articulation soit conforme, comme dans :

Danvad,	Mouton	et Dornad,	Poignée.
Sevel,	Monter	et Yzel,	Bas.
Logod,	Souris	et Ribod,	Baratte.
Mud,	Muet	et Tud,	Du monde.

EXEMPLES DE VERS A RIMES SUFFISANTES :

Vers de 8 syllabes.
    Mari goant a zo keuziet;
    He Loik ker e deuz kollet;
    Gant ar Gorrigan e ma eet.
        L'Enfant supposé. Barzaz Breiz. (Page 31.)

    Marie la belle est affligée;
    Elle a perdu son cher Loïk;
    La Korrigan l'a emporté.

Vers de 8 syllabes.
    Didalvez eo ha koll amzer
    Deski ar vad heb hen ober.
             BRIZEUX.

    C'est faire un travail inutile et perdre son temps
    Que d'apprendre le bien sans le faire.

Les rimes par simple assonance ne sont tolérées que dans la poésie populaire, comme :

Cana,	Chanter	et Spega,	Coller.
Dale,	Tarder	et Pare,	Guéri.
Drebi,	Manger	et Bleizi,	Loups.
Dero,	Chêne	et Divalo,	Vilain.

RIMES LÉGITIMES.

La rime par une simple voyelle est légitime quand un des mots est un **monosyllabe**.

On appelle **monosyllabe**, un mot d'une seule syllabe ;
— **disyllabe**, un mot de deux syllabes :
— **trisyllabe**, un mot de trois syllabes ;
— **polysyllabe**, un mot de plusieurs syllabes.

Ainsi on peut faire rimer :

Livirit hu?	Dites-vous?	avec	Ludu,	Cendres.
Lavaromp-ni,	Disons-nous	avec	Pedi,	Prier.
Lavarez-te,	Dis-tu	avec	Bale,	Marcher.
Dûz ta,	Viens-donc	avec	Bara,	Pain.

Vers de 8 syllabes.   Ha glevaz te, ha glevaz te
Pez a lavaraz den Doue
D'ar roue Gradlon enn Is be?

Barzaz-Breiz. (Page 39.)
Submersion de la ville d'Is. (ve siècle.)

As-tu entendu, as-tu entendu
Ce qu'a dit l'homme de Dieu
Au roi Gradlon qui est à Is?

Après la disparition de la ville d'Is, Lutèce, sa rivale, changea son nom contre Par Is — Pareille à Is — Paris.

Deux voyelles riment bien ensemble, bien plus, une seule précédée d'une autre voyelle, rime avec elle-même placée dans la même position ou même placée après une consonne, comme :

Loa,	Cuillère	avec	Soa,	Suif.
Rove,	Roi	avec	Sae,	Robe.
Beo,	Vivant	avec	Bero,	Bouillant.

Suivant M. Hersart de la Villemarqué, **l'allitération** ou l'accord harmonieux des consonnes entre elles dans un même vers, était souvent employée par les bardes du ve et du vi[e] siècle. Il en donne un exemple dans son recueil des chansons populaires de la Bretagne *Barzaz-Breiz*, septième édition, chez M. Didier et Cie, éditeurs, 35, quai des Augustins.

Vers de 5 syllabes.   Gwell eo gwin gwenn bar
—   3   —   Na mouar!
—   5   —   Gwell eo gwin gwenn bar.
— 10   —   Tan! tan! dir! oh! dir! tan! tan! dir ha tan!
— 11   —   Tann! tann! tir ha tonn! tonn! tir ha tir ha tann!

La danse du glaive. Barzaz-Breiz. Page 45. (vi[e] siècle.)

Mieux vaut vin blanc de raisin que de mûre ;
Mieux vaut vin blanc de raisin.
O feu! ô feu! ô acier! ô acier! ô feu! ô feu! ô acier et feu!
O chêne! ô chêne! ô terre! ô flots! ô flots! ô terre! ô terre et chêne!

Ici, il paraît y avoir traduction libre parce qu'il fallait trouver des monosyllabes.

Tann, paraît signifier tan, écorce de chêne.
Tir, pourrait bien être la racine de Tiren, un briquet.
Tonn, c'est de l'amadou.

Au vi[e] siècle, les Bretons ne connaissaient pas les allumettes chimiques et faisaient probablement usage quelconque briquet comme encore aujourd'hui.

2

Pour que la rime soit légitime, il faut que les sons soient semblables. Elle doit plutôt satisfaire l'oreille que la vue. Certaines désinences s'écrivant par les mêmes lettres, peuvent ne pas rimer entre elles. Ainsi :

Gōvĕr,	Ruisseau ne rime pas avec	Gwer, des Verres.
Gōvĕz,	Sauvage ne rime pas avec	Gwez, des Arbres.
Gōvĕl,	Fête, ne rime pas avec	Gwell, Mieux.
Gŏvel, Goel, Gœl, Levain,	rime bien avec	Gwell, Mieux.

Un mot ne peut pas rimer avec lui-même, mais il peut rimer avec un mot écrit de la même manière et ayant une signification différente. Ainsi :

Gōvĕl, Fête peut rimer avec Gōvĕl, Voile.
Lenn, Lire peut rimer avec Lenn, Etang.

Un mot radical ne peut pas rimer avec son composé, ni deux composés ayant un sens trop rapproché, comme :

Kompez, Égal et Digompez, Inégal.

Les meilleurs bardes faisaient rimer la désinence ad avec at; ed avec et. Il doit être permis de les imiter.

Quelques grincheux auraient voulu soulever des difficultés, bien mal à propos; il est inutile d'en parler ici.

Il faut éviter de faire rimer les césures entr'elles ou même de donner une simple ressemblance de son entre la césure, la rime et l'hémistiche voisin

Un vers doit toujours rimer avec un autre vers.

L'hiatus, tel qu'il est compris en Français, n'est pas connu en Breton, c'est-à-dire qu'il n'est pas défendu de faire suivre deux mots dont l'un finit et l'autre commence par une voyelle. Ainsi on peut dire :

Va yeñhed, Ta hini, He oad, Me ia.
Ma santé, Le tien, Son âge, Je vais.

EXEMPLE :

Vers de 6 syllabes.   Ho Dōve ha garont,
Ho yez ha viront.

TALIESIN. (VI° siècle.)

Ils aiment leur Dieu,
Ils conservent leur langage.

Il y a cependant certaines rencontres de voyelles qu'on évite avec soin en poésie, comme produisant un son dur et désagréable.

Ainsi on ne trouve pas souvent : Me ha gar.   Me ha gav.
J'aime.   Je trouve.

Les bons poëtes diront toujours : Me gar.   Me gav.

Vers de 8 syllabes.   Me gar va gleuz alaouret,
— 8 —   Va zour dantelezet.

DE KERUZORET.

J'aime ma haie dorée,
Mon clocher fait comme de la dentelle.

Vers de 6 syllabes.   Me gav ann amzer hir !
Je trouve le temps long !

C'est à tort que M. Le Gonidec a voulu poser en principe qu'il est obligatoire de mettre deux pronoms devant un verbe dans la conjugaison qu'il appelle à l'impersonnel. Le second pronom qu'il prend pour une particule, n'est obligatoire que dans certaines circonstances, comme on le verra plus tard. M. Le Gonidec, était un excellent traducteur, mais il est probable qu'il n'a jamais essayé de composer un vers breton.

Les poètes emploient rarement les deux pronoms dans un verbe :

Vers de 4 syllabes.　　　 Ni　zo　bepred
　　— 3 —　　　　　　　 Bretonned !
　　— 6 —　　　　　 Bretonned tud kaled !
BRIZEUX.

　　　 Nous sommes toujours Bretons !
　　　 Bretons de race forte !

Ici M. Brizeux dit : 　　Ni zo et non pas, Ni ha zo.

Vers de 8 syllabes. 　Me gan enn noz, me gan enn de ;
　　— 8 —　　　　Ha me keuziet koulskoude.

　　　 Je chante la nuit, je chante le jour,
　　　 Et je suis chagrin cependant.
La Prophétie de Gwenc'hlan. (ve siècle.)
Barzaz-Breiz. Page 19.

Gwenc'hlan dit simplement : me gan et non pas, me ha gan.

Dans la poésie bretonne, on ne supprime l'une des deux voyelles qui se rencontrent qu'autant qu'on le veut bien et quand la mesure du vers l'exige.

Il y a **élision**, quand la voyelle finale d'un mot est supprimée et alors la voyelle élidée est remplacée par une apostrophe, comme dans :

Sad'	pour	Sada,	Voilà.
D'ober	pour	Da ober,	Pour faire.
Set'unan	pour	Setu unan,	Voilà un.

Il y a **suppression** d'une lettre, quand on fait disparaître la voyelle initiale d'un mot qui est ordinairement une préposition ou une conjonction. La voyelle supprimée est aussi remplacée par une apostrophe. Ainsi on trouve souvent :

'Vel	au lieu de	Evel,	Comme.
'Vit	au lieu de	Evit,	Pour.
'Barz	au lieu de	Ebarz,	Dans.

Il y a **contraction**, quand on change deux voyelles en une seule, comme dans :

Kær	au lieu de	Kear,	Ville.
Dæh	au lieu de	Deac'h,	Hier.
Dol	au lieu de	Daol,	Table.
Kol	au lieu de	Kaol,	Chou.

Il y a **syncope**, quand on supprime une syllabe entière ou seulement une voyelle au milieu d'un mot, pour obtenir une syllabe de moins, comme dans :

Kemer't	au lieu de	Kemeret,	Pris.
Kas't	au lieu de	Kaset,	Envoyé.
Me c'houl	au lieu de	Me c'houlen,	Je demande.
Met	au lieu de	Nemet,	Si ce n'est que.

Exemples d'**élision**, de **suppression** de **lettre**, de **contraction** et de **syncope**.

Vers de 6 syllabes.   Ne nijinn *'vel* ann deĩz,
Va askel zo re ver ;
Me *c'houl* mervel e Breĩz,
O veuli va c'hrouer.

Laouenik Breiz de M. MILIN.
La Bretagne poétique de M. O. PRADÈRE.
Librairie générale, boulevard Haussmann, 72.

Je ne volerai pas comme le jour,
Mon aile est trop courte ;
Je demande à mourir en Bretagne,
En louant mon créateur.

Vers de 13/7   Ne ouienn tra, ma Doue, *met* laret ma *Fater*,
syllabes.   Pa oann me plac'hik bihan e ti ma zad er ger.

Je ne savais rien, mon Dieu, que dire mon *Pater*,
Quand j'étais chez mon père, petite, à la maison.

Héloïse et Abailard. (XIIᵉ siècle).
Barzaz-Breiz. (Page 136.)

Vers de 8 syllabes.   Egiz ann avel, bete Kast,
— 8 —   D'ann daou lamm ruz oen Kas't.

GUIZOUARN.

Comme le vent jusques à Kast,
Au triple galop je fus transporté.

L'élision, la suppression d'une voyelle, la contraction et la syncope, sont des licences poétiques dont il faut user avec modération, car souvent elles sont la preuve de l'embarras ou de la pauvreté d'imagination de l'écrivain.

Le mélange des dialectes est encore une ressource pour le poëte embarrassé. Il peut, avec discrétion, se servir des mots et des expressions des dialectes voisins. Ainsi, quand on écrit dans le dialecte de Léon, on peut dire :

	Bæc'h,	Fardeau.	Sæh,	Sec,	Une syllabe.
Au lieu de	Beah,	Fardeau.	Seac'h,	Sec,	Deux syllabes.
	Læz,	Lait.	Mæz,	Campagne,	Une syllabe.
Au lieu de	Leaz,	Lait.	Meaz,	Campagne,	Deux syllabes.
	Mæn,	Pierre.	Kær,	Ville,	Une syllabe.
Au lieu de	Mean	Pierre.	Kear,	Ville,	Deux syllabes.
	Pol,	Pôl.	Soz,	Anglais,	Une syllabe.
Au lieu do	Paol,	Paul.	Saoz,	Anglais,	Deux syllabes.

On peut mettre Sellŏ̃t au lieu de Sellet, regarder,
Pour rimer avec Gallŏ̃t, pouvoir.

On peut employer :   Neve au lieu de Nevez, nouveau ;
Gan hemp au lieu de Gan heomp, avec nous.

La licence que donne la poésie de mélanger les dialectes, a cependant des bornes. Ainsi, en Léon, on admettra difficilement Penno au lieu de Pennŏ̃, des têtes.

Dans le dialecte de Léon, l'avant dernière syllabe, c'est-à-dire la **pénultième** est toujours longue. Pour cette raison on prononce :

En Léon : Pŏăn, Peine, en deux syllabes.
En Léon : Mŏăn, Mince, en deux syllabes.
En donnant à *o* le son de ô dans Pô.
En donnant à *an* le son de an dans Année.

Dans le dialecte de Tréguier, au contraire, l'accent est sur la dernière syllabe et alors ces mots sont **monosyllabes**. Ainsi on prononce :

En Tréguier : Pŏ͡ăn, Peine, comme en français, Poine, une syllabe.
En Tréguier : Mŏ͡ăn, Mince, comme en français, Moine, une syllabe.

Si on a commencé par compter Poan pour une syllabe, on ne peut pas décemment dans le même vers mettre Moan pour deux syllabes, comme on trouve eo, est, formant une syllabe dans un vers et deux dans le suivant. Cela ne peut pas s'appeler faire des vers.

M. Guizouarn, à quelques exceptions près, compte chaque voyelle pour une syllabe et il a parfaitement raison ; et puis il évite, autant que possible, la rencontre de deux voyelles dans les mots qui se suivent. Ses poésies pourraient servir de modèles aux amateurs et connaisseurs.

Les inversions sont permises dans la poésie bretonne, mais il ne faut pas qu'elles soient forcées ni contraires au génie de la langue.

Les vers s'assemblent par groupes qu'on appelle **strophes, stances** ou **couplets,** suivant le genre de poésie dont il est question.

Le mot **strophe**, pris dans un sens général, s'applique à tout groupe de vers, suivi ou non d'un ou de plusieurs autres de la même nature et du même nombre de vers dans la même disposition.

Chaque strophe doit avoir un sens complet.

On donne le nom de :

Distique	à une strophe de	deux	vers.
Tercelet	—	trois	—
Quatrain	—	quatre	—
Quintil	—	cinq	—
Sixain	—	six	—
Huitain ou Octave	—	huit	—
Dixain ou Dizain	—	dix	—

Les strophes peuvent être **isomètres**, c'est-à-dire composées de vers d'une même mesure ou d'un seul genre, ou bien elles peuvent être formées de vers de mesures différentes.

En français, les vers qui ont un nombre pair de syllabes, sont ceux qui s'entremêlent le mieux. Deux vers dont l'un a une syllabe de plus ou de moins que l'autre, s'accouplent mal, parce que le plus court semble boiter désagréablement. Cela provient de ce qu'en français, il y a des rimes masculines et des rimes féminines.

Les rimes féminines ont réellement une syllabe de plus que les rimes masculines, car, si elles ne se prononcent pas à la lecture, elles comptent en musique, de manière qu'on peut dire que la poésie française boite tout le temps.

La musique est essentiellement boiteuse de sa nature, la preuve, c'est qu'elle n'a que sept notes, nombre impair ou boiteux.

Tout ce qui est trop uniforme est monotone. Pour donner de la vivacité, il faut rompre l'uniformité des sons. C'est la variété des mesures qui forme le rhythme ou la cadence.

Les vers ont été primitivement faits pour être chantés. Pour cette raison, ils sont arrangés suivant les inspirations de la musique et les principes de l'harmonie.

En Breton, il n'y a pas de rimes féminines, la voyelle e se prononçant toujours comme dans été, bonté, nez, clocher. Ainsi, il n'est pas étonnant que dans la poésie bretonne, il y ait des vers de 1, 3, 5, 7, 9, 11, 13 et 15 syllabes; et il est tout naturel de trouver des vers de 7 accouplés à des vers de 8 syllabes, comme, par exemple, dans la chanson bretonne : **Ann hini goz**.

Ce chant populaire est réellement composé de vers de 7 et de 8 syllabes, n'en déplaise à tout **Galleger** ou **Franciseur**.

Les grands vers sont consacrés aux œuvres d'un genre élevé et soutenu, comme la Tragédie, l'Epopée, etc.

Les petits vers conviennent aux genres simples et légers, comme la Ballade, le Rondeau, la Chanson, etc.

En regard des exemples qui vont être donnés, le nombre de syllabes formant le vers sera indiqué, de même que le nombre de syllabes jusqu'à la césure. Ainsi :

15/8 annoncera un vers de	15	syllabes avec la césure à la	8e.	
13/7	—	13	—	7e.
13/6	—	13	—	6e.
12/6	—	12	—	6e.
10/4	—	10	—	4e.

Les diphthongues seront marquées d'une courbe ⌢ marquant **synérèse**.

Quand les voyelles ne seront surmontées d'aucun signe, c'est qu'il y aura **diérèse** ou division des voyelles.

Dans les exemples donnés où l'orthographe de chacun sera observée, **eu, ou** seront considérés comme une simple voyelle. Si, par hasard, il se présente un mot où ces réunions de voyelles forment **diérèse**, elles seront surmontées du signe long, trait horizontal – et du signe bref, ⌣ renversé ⌣, comme dans :

Ĕŭ, fole;   Eürŭz, heureux;   Dïlŏŭz, actif.

VERS DE DIFFÉRENTES MESURES.

EXEMPLES DE VERS DE 15 SYLLABES AVEC LA CÉSURE A LA 8ᵉ :

15/8   Kuz da benn, heol benniget, — enn eur welet torfezou
Pere na dlefe beza gret, — nemet gant drouksperezou !

> Voile ton front, soleil béni,
> A la vue des crimes dignes des esprits de l'enfer !

15/8   Tevet, ma mamm, tevez, ma zad, — ne inn ked d'ho tilezel ;
Chom a rin evid ho tifenn — evid difenn Breiz-Izel.

> Ne pleurez pas, ma mère, ne pleurez pas, mon père,
> Je ne vous quitterai pas.
> Je resterai pour vous défendre,
> Pour défendre la basse Bretagne.

> > *Chant de guerre de Guillaume Le Vern de Gleveret,*
> > *paroisse de Gourin. Barzaz-Breiz,* page 377.

15/8   Disul vintin a-ba zaviz — mont da gas va zaout er mez,
Me gleviz va dous o kana — hag he anais diouc'h he moez,
Me gleviz va dous o kana — kana ge war ar menez,
Ha me mont da zevel eur zon — da gana gant hi ivez.

> Dimanche matin, en me levant,
> Pour aller conduire mes vaches dans les champs,
> J'entendis ma douce chanter
> Et je la reconnus à sa voix ;
> J'entendis ma douce chanter,
> Chanter gaiement sur la montagne,
> Et moi de faire une chanson
> Pour chanter aussi avec elle.

> > *L'Appel des pâtres* (XVIIᵉ siècle). *Barzaz-Breiz,* page 442.

15/8   Ma oufenn me lenn ha skriva — evel ma ouzounn rimel,
Me a rafe eur zon nevez, — eur zon, ha ne venn ket pell.

> Si je savais lire et écrire, comme je sais rimer,
> Je ferais un chanson nouvelle, et je ne serais pas long.

15/8   Me wel erru, va mestrezik - dont a ra trezek hon ti ;
Mar gellann-me kaout ann tu - me a brezego out-hi.

> Voici venir ma petite amie, elle se dirige vers notre maison ;
> Si je puis trouver l'occasion, je lui parlerai.

> > *La Rupture, Barzaz-Breiz,* page 470.

Exemples de vers de 13 syllabes avec la césure a la 7me :

13/7   Ne ouienn tra, ma Doue, - met laret ma Fater,
        Pa oann-me plac'hik binan-e ti ma zad er ger.

> Je ne savais rien, mon Dieu, que dire mon *Pater*,
> Quand j'étais petite fille à la maison, chez mon père.

13/7   Hogen breman, disket onn - disket onn mad a-grenn ;
        Me oar Gallek ha Latin - me oar skriva ha lenn.

> Mais maintenant je suis instruite, fort instruite en tout point,
> Je connais la langue des Francs et le Latin, je sais écrire et lire.
>> *Héloïse et Abailard* (xII^e siècle). *Barzaz-Breiz*, page 136.

Exemples de vers de 13 syllabes avec une césure a la 6me :

13/6   O sellet war ar mor - o klask lestr he breur mager,
        Ho holl gonfort er bed - oa he c'hortoz pell amzer.

> Les yeux attachés sur la mer, y cherchaient le vaisseau de son frère de lait,
> Sa seule consolation au monde et qu'elle attendait depuis longtemps.

13/6   Ha c'houi zo dimezet ? — leverit d'in, me ho ped.
        Sal-ho-kraz, otro ker, — dimezet c'hoaz n'em onn ked.

> Êtes-vous mariée ? Dites-le moi, je vous prie.
> Sauf votre gràce, cher monsieur, je ne suis point encore fiancéc.
>> *Le Frère de lait. Barzaz-Breiz*, page 164.

Exemples de vers de 12 syllabes avec la césure a la 6me :

12/6   Benn eunn nebeut goude — kaer vije da welet
        Porz maner ar Faouet — leun a zuchentiled ;
        Peb kroaz ru war ho skoa, — peb marc'h braz, peb banniel,
        Evit klask ann otrou — da vonet d'ar brezel.

> Peu de temps après, elle était belle à voir
> La cour du manoir du Faouet toute pleine de gentilhommes,
> Chacun avec sa croix rouge sur son épaule, chacun sur un grand cheval,
> Chacun précédé de sa bannière, venait chercher le seigneur
> Pour aller à la guerre.
>> *L'épouse du croisé* (xII^e siècle). *Barzaz-Breiz*, page 147.

12/6   Eur c'hastel braz ez euz — e kreizik koado Mal ;
        Ha dour doun tro-war-dro ; — e peb korn eunn toural.

> Un grand château s'élève au milieu du bois de Maël ;
> Tout autour une eau profonde, à chaque angle, une tour.
>> *Le Vassal de Du Guesclin. Barzaz-Breiz*, page 221.

EXEMPLES DE VERS DE 10 SYLLABES AVEC UNE CÉSURE A LA 4ᵉ :

Vers de 5 syllabes.   Gwell eo gwin ar Gall
  — 3 —   Nag Aval;
  — 5 —   Gwell eo gwin ar Gall.
  — 10/4 —   Tan! tan! dir! oh! dir! tan! tan! dir ha tan!
  — 11 —   Tann! tann! tir ha tonn! tonn! tir ha tir ha tann!

Mieux vaut vin de Gaulois que de pommes;
Mieux vaut vin de Gaulois.
O feu! ô feu! ô acier! ô acier! ô feu! ô feu! ô acier et feu!
O chêne! ô chêne! ô terre! ô flots! ô flots! ô terre! ô terre et chêne.
La danse du glaive (VIᵉ siècle). *Barzaz-Breiz*, page 45.

Vers de 8 syllabes.   Tavit, tavit, koz labousik,
  — 8 —   C'houi zo gwall lik enn ho pegik.
  — 10/4 —   Oh? hun eta, - va mabik, va mabik;
  — 8 —   Hun eta, toutouik lalla.

Taisez-vous, taisez-vous, vilain petit oiseau ;
Votre petit bec est trop libre.
Dors donc, mon enfant, mon enfant,
Dors donc, mon enfant dors.
Merlin au berceau (VIᵉ siècle). *Barzaz-Breiz*, page 58.

EXEMPLES DE VERS DE 9 SYLLABES :

Vers de 9 syllabes.   Ann otrou Lez Breiz a hirvoude;
Ken a lavaraz ar plac'h goude :
— Ho mamm ive hoc'h euz-hu kollet,
O selaou ac'hanon pa welet?

Le seigneur Lez Breiz poussa un profond soupir;
Tellement que la jeune fille lui dit :
— Votre mère, l'auriez-vous aussi perdue,
Que vous pleurez en m'écoutant?
Lez Breiz (IXᵉ siècle). *Barzaz-Breiz*, page 85.

Vers de 9 syllabes.   Pa oa potr yannik gad he zenvet,
N'en doa ket koun da vean beleget.
— Ne vinn, a vad, belek na manac'h,
Laket em euz ma spered er plac'h.

Quand le petit Yannik gardait ses moutons,
Il ne songeait guère à être prêtre.
Je ne serai, certes, ni prêtre ni moine,
J'ai mis mon esprit dans les jeunes filles.
Geneviève de Rustefan. Barzaz-Breiz, page 266.

Exemples de vers de 8 syllabes :

Vers de 8 syllabes.

> Eunn eostik a glevann bep noz,
> Er jardin war eur bodik roz ;
>
> Eunn eostik bep noz a glevann,
> Ken ge e kan, ken dous e kan !
>
> Ken dous e kan, ker kaer, ken flor,
> Bep noz, bep noz, pa zioul ar mor !

C'est un rossignol que j'entends chanter chaque nuit
Dans le jardin, sur une petite branche de rosier ;

C'est un rossignol que j'entends toutes les nuits,
Il chante si gaiement, il chante si doucement !

Il chante si doucement, si merveilleusement, si harmonieusement,
Toutes les nuits, toutes les nuits, quand la mer s'apaise !

Le Rossignol (xɪɪe siècle). Barzaz-Breiz, page 153.

Vers de 8 syllabes.

> Abars ma vezo fin ar bed,
> Falla douar ar gwella ed.

Avant que n'arrive la fin du monde,
La plus mauvaise terre produira le meilleur blé.

Prophétie de Gewnc'hlan (ve siècle). Barzaz-Breiz, page 24.

Vers de 8 syllabes.

> N'e ked aŏvalaḧ gŏvzŏvt,
> Red eo yve lavarŏvt.

Ce n'est pas assez de savoir,
Il faut aussi le faire voir.

Eugène Le Bos.

Vers de 8 syllabes.

> Ar galŏvn poa d'hin roet,
> Va dŏvsik koant, da viret,
> N'hem ŭz kollet na distroet,
> Na d'uzach fall hen lakeet ;
> Mesked eo gant va hini,
> N'ŏvzŏvn ken p'hini ta hini.

Le cœur que tu m'avais donné,
Ma belle et douce amie, en gage,
Ne l'ai perdu ni détourné,
Ni l'ai mis à mauvais usage ;
Il ne fait qu'un avec le mien,
Je ne sais plus quel est le tien.

Vieille chanson Bretonne. Dialecte de Léon.

EXEMPLES DE VERS DE 7 SYLLABES :

Vers de 7 syllabes.   Kemener, kemenerik,
Tenn da fri mez eunn tammik !
« Deuz da ober eunn dro zans.
Ni zi-keï d'id ar c'hadans.

Tailleur, petit tailleur, montre un peu le bout de ton nez !
Viens t'en faire un tour de danse ; nous t'apprendrons la mesure.

Les Nains. Dialecte de Cornouaille. *Barzaz-Breiz*, p. 37.

EXEMPLES DE VERS DE 6 SYLLABES :

Vers de 6 syllabes.   Kerkent ha ma vezo
Torret va chadenno,
M'en em zavo enn er
Evel eunn alc'houeder.

Aussitôt que mes chaînes seront brisées,
Je m'élèverai dans les airs comme une alouette.

Le Paradis. Dialecte de Tréguier. *Barzaz-Breiz*, page 515.

EXEMPLES DE VERS DE 5 SYLLABES :

Vers de 5 syllabes.   Beva a zo red,
Ha paea n'e Ked.

TROUDE.

Il est nécessaire de vivre, mais non de payer.

Vers de 5 syllabes.   Ned euz fall votez,
Na gav he farez.

TROUDE.

Il n'est d'abruti qui ne trouve son pareil.

Vers de 5 syllabes.   Gant laboïr eaz,
Den ne vez feaz.

Eugène LE BOS.

Avec un travail aisé, personne n'est épuisé.

Vers de 8 syllabes.   E Bannaleck zo'r pardon kaer,
«   8   »   Lec'h ia'r merc'hed koant gad al laer.
«   6   »   Ha ! ma meïl a drei,
«   5   »   Diga, diga, di,
«   6   »   Ha l ma meïl a ia,
«   5   »   Diga, diga, da.

A Bannalec il y a un beau pardon,
Où l'on vole les jolies filles.
Ah l mon moulin tournera,
Diga-diga-di,
Ah l mon moulin va,
Diga-diga-da.

La Meunière de Pontaro, dialecte de Cornouaille.
Barzaz Breiz. Page 457.

EXEMPLES DE VERS DE 4 SYLLABES :

Vers de	8	syllabes.	Na gredann ket ve deut ar c'hiz,
«	8	»	Ma krog ann dragon er markiz !
«	3	»	— Traitour ! ah !
«	3	»	Malloz d'id !
«	4	»	Malloz d'id ta !
«	3	»	Traitour ! ah !
«	4	»	Malloz d'id ! ah !

Je ne puis croire que l'usage soit venu
Que les dragons portent la main sur les marquis !
Toi qui l'as trahi, sois maudit !
Sois maudit !
Toi qui l'as trahi, sois maudit !
Mort de Pontalec, dialecte de Cornouaille.
Barzaz Breiz. Page 327.

Vers de 4 syllabes.

Eur gwir vugel
Da Vreiz-Izel,
A ra enor
D'he vamm Arvor.

Un vrai fils de la Basse-Bretagne,
Qui fait l'honneur à sa mère Arvor.
Bombard Kerne, par PROSPER PROUX. Page 12.
Chez M. le Goffic, imprimeur à Guinchamp.

EXEMPLES DE VERS DE 3 SYLLABES :

Vers de 3 syllabes.

Hi ha gan
A nnnn·
« O Briz, hi !
« Briz, ho ! hi !
« Oroi !
« Sæc'h e d'hi.
TALIÉSIN, VIe siècle.

Ils chantent tous d'une seule voix.
O Tatoué hé ! O Tatoué ho ! hé !
Réponds nous ! Il fait sec.
Invocation au Dieu Tatoué ou l'arc-en-ciel pour demander de la pluie.

On ne trouve de vers de deux syllabes qu'entremêlés avec de plus grands mètres.

Vers de 8 syllabes.	Ma zud oa et d'al leur-neve ;
— 8 —	Ha me d'ho heul d'ar fest ive !
— 4 —	Son, kloc'h Nizon,
— 2 —	Son, Son,
— 4 —	Son kloc'h Nizon,
— 2 —	Son, son !

Les miens étaient allés à l'aire neuve ;
Et moi de les suivre aussi à la fête !
Sonne, cloche de Nizon, sonne, sonne ;
Sonne, cloche de Nizon, sonne, sonne !

La chanson de l'Aire Neuve, dialecte de la Haute Cornouaille.
Barzaz Breiz. Page 435.

Exemples de vers d'une seule syllabe :

Les vers monosyllabes ne peuvent se trouver que mêlés avec d'autres plus grands. Ils sont très-rares en Breton et il serait peut-être difficile d'en trouver.

Quand la montagne ne veut pas venir à nous, il nous faut aller à elle. Faisons comme le prophète.

Tous les traités de versification française donnent cet exemple de vers monosyllabes :

Et l'on voit des commis
Mis
Comme des princes,
Qui jadis sont venus
Nus
De leurs provinces.

Imitant cette strophe de Panard, on pourrait dire en Breton :

Vers de 6 syllabes.	Fanchik ëz a Rosko,
— 1 —	Sko
— 4 —	Var he varc'hik,
— 6 —	Hag hep tenna he dok,
— 1 —	Pok
— 4 —	Da bep plac'hik.

Petit François de Roscoff, tappe sur ton petit cheval,
Et sans tirer son chapeau, embrasse chaque jeune fille.

Ceci peut paraître un peu tok.
Le cheval du jeune François est une jument, Rosine.

Autre traduction :

François de Roscoff boit,
Choit
Sur sa Rosine,
Et par la taille prend,
Vlan !
Sa Joséphine.

Eugène Le Bos.

Les vers bretons s'assemblent de manière à former des strophes composées de vers d'un même mètre ou d'un nombre égal de vers. C'est ce qu'on appelle des **strophes régulières.**

Dans les **strophes régulières**, les vers sont à **rimes plates** ou **suivies**, à **rimes alternées, croisées** ou **mélangées**.

RIMES PLATES ou SUIVIES.

On donne le nom de **rimes plates** ou **suivies**, à des groupes de 2, 3, 4 vers ou plus, rimant ensemble et se succédant régulièrement avec une rime qui diffère de celle de la strophe suivante.

EXEMPLES DE VERS A **rimes plates** OU **suivies** PAR GROUPES DE DEUX VERS :

Vers de 8 syllabes.

Pa guz ann heol, pa goenv ar mor,
Me oar kana war dreuz ma dor.

Pa oann iaouank, me a gane,
Pa'z onn deut koz, me gan ive.

Quand le soleil se couche, quand la mer s'enfle,
Je sais chanter sur le seuil de ma porte.

Quand j'étais jeune je chantais,
Devenu vieux je chante encore.

La prophétie de Gwenc'hlan, vᵉ siècle. Dialecte de Cornouaille.
Barzaz-Breiz Page 19.

Vers de 8 syllabes.

Da weled a rann adarre,
Va bro garet, menez Aré !

Pell diouz-in poan hag enkrez !
Tridal a rann gant levenez !

Je te revois enfin, mon pays aimé, montagne d'Aré !
Loin de moi soucis et chagrins, je me sens tressaillir d'allégresse !

Prosper PROUX. *Bombard Kerne*, Page 22.
Dialecte de Cornouaille.

EXEMPLES DE **rimes plates** OU **suivies** PAR GROUPES DE 3 VERS :

Vers de 8 syllabes.
— 8 —
— 8 —
— 8 —
— 8 —
— 8 —

Mab ar c'hadour a lavare,
Lavare d'he dad, eur beure ;
« Marc'hegerien war kein ar bre !

Marc'hegerien o vont e-biou,
Mirc'hed adan-he, glaz ho liou,
Ou'h hinteal gant ar rlou !

Le fils du guerrier disait,
Disait à son père un matin :
« Des cavaliers au sommet de la montagne !

Des cavaliers qui passent,
Ils ont le teint livide, leurs coursiers sous eux
Réniflent de froid.

(viᵉ siecle). *La marche d'Arthur*, dialecte de Cornouaille.
Barzaz-Breiz. Page 50.

RIMES ALTERNÉES.

On dit que les rimes sont **Alternées**, quand le **premier** vers rime avec le **troisième,** le **deuxième** avec le **quatrième** et ainsi de suite.

EXEMPLES DE VERS A **rimes alternées** :

Vers de 6 syllabes.

E kichenik va dor,
Euz eul laouenanik,
N'en deuz neïz na goudor,
Ar c'héaz paour binanik.

MILIN.
Laouenanik Breiz, dialecte de Léon.

Auprès de ma porte, il y a un roitelet,
Il n'a ni nid ni abri, le cher pauvre petit.

EXEMPLES DE VERS A **rimes alternées** :

Vers de 10/4 syllabes.

Ni hon deuz bet amzer vad koulskoude :
Tennet, Lazet, karget leiz hor sier.
Tud iaouank kéaz ! petra dapit aze ?
Logod, razed, pintiged ha kisïer !
Grid evel d-oun, skourit ho fuzulïou,
Zant Hubert koz, hon tad hag hor faeroun,
A zo mouzet war he skaon, enn envou,
D'hen divouza, Kournomp a nerz kaloun !

Bombard Kerne. Page 54.
Prosper PROUX. Dialecte de Cornouaille.

Nous, du moins, nous avons eu de beaux jours ;
Nous avons tiré, tué, rempli nos carniers.
Pauvres débutants ! que tuez-vous maintenant ?
Des souris, des rats, des pinsons et des chats !
Suivez mon exemple, accrochez vos fusils au clou.
Le vieux saint Hubert, notre père et patron
S'amuse à bouder sur son banc dans le paradis.
Pour l'attendrir, donnons du cor avec impétuosité !

Les Lamentations d'un Chasseur.

RIMES CROISÉES.

Les rimes sont dites **croisées**, quand, dans un quatrain, le premier vers rime avec le quatrième et le deuxième avec le troisième, c'est-à-dire, quand deux vers rimant ensemble, sont séparés par deux vers à rimes plates ou suivies.

EXEMPLES DE VERS A **rimes croisées**. STROPHES DE 4 VERS :

Vers de 8 syllabes

Ya, dont a rann brema da Vreiz,
Etrezek eur Barz ne hanvinn ;
Gant Doue euz bet kemennet d'in
Karet anezhan noz ha deiz.

Digant Done en deuz va frenet
Evit eur zon ar re gaera ;
Desket em beuz gant-han kana
Ar zon gaer-ze a zesk karet.

MILIN.
Koulm ar Barz, dialecte de Léon.

Oui, je viens à présent en Bretagne,
Vers un Barde que je ne nommerai pas.
Dien m'a donné le commandement
De l'aimer nuit et jour.

Il m'a acheté de Dieu
Pour une chanson des plus belles ;
Il m'a enseigné à chanter
Cette belle chanson-là qui apprend à aimer.

Impossible de trouver un second exemple de vers à **rimes croisées**, ni dans *Barzaz-Breiz*, ni dans *Bombard Kerne*, ni ailleurs.

Cette page-ci ne peut pourtant pas rester vide ! Alors il faut se résigner à chercher un remplissage. Allons-y gaiement !

Vers de 6 syllabes.

A bell pe a gostez,
Ha boteg ar maro,
Bep dez me lavaro :
« Kreisker, va harantez ! »

De près, de loin, toujours,
Pendant que je respire,
Je dis avec délire :
« Kreisker, ô mes amours ! »

Eugène LE BOS.

RIMES MÊLÉES.

Les strophes à **rimes mêlées**, sont assujetties à certaines règles qu'il faut observer. Une fois qu'on a adopté un mètre et un mélange de rimes, il est obligatoire de les continuer dans le même ordre tout le long de la pièce.

EXEMPLES DE VERS A **rimes mêlées**. STROPHE DE 8 VERS :

Vers de 5 syllabes.

D'Adam a de bar,
Oe roet eunn alar,
Da dorri douar,
Da gaout bara ;
Eunn archael, kannad
Doue uc'hel tad,
Ha zigasaz had,
Da hada d'Eva.

TALIÉSIN, VIᵉ siècle.

A Adam et à sa compagne, il fut donné une charrue
Pour labourer la terre et avoir du pain ;
Un archange, messager de Dieu, le père céleste,
Apporta de la semence à Eve pour semer.

Ici les 3 premiers vers riment ensemble. Le 5ᵉ, le 6ᵉ et le 7ᵉ riment aussi ensemble, et le 4ᵉ vers rime avec le 8ᵉ.

Ils ont de l'aplomb ceux qui prétendent avoir trouvé une nouveauté dans:
L'amant d'Amanda !
Anna donna la canne à Canada !
C'est tout bonnement une nouveauté renouvelée de Taliésin.

VERS A **rimes mêlées.** STROPHE DE 10 VERS :

Vers de 8 syllabes.

Eur big a voa enn eur gaoued ;
Gant hi voe lakeat eur pintik.
He-mann, laouen ha sederik,
A gane bemdez kaer meurbed ;
He glevet a voa eunn dudi.
Ar big a vad, o ragachat,
A dorre pennou tud ann ti ;
Ne baoueze tamm da chaogat
Na da lavaret : boed d'in ! boed !
Boed da Vargod enn he c'haoued !

MILIN. Dialecte de Léon.

Une pie était dans une cage, avec elle fut mis un pinson.
Celui-ci gai et dispos, chantait chaque jour agréablement,
C'était un charme de l'entendre. La pie, au contraire, toujours jacassant,
Cassait la tête aux gens de la maison ; elle ne cessait un moment de bavarder
Ni de dire : A manger ! A manger ! donnez à manger à Margot dans sa cage.

Les strophes à rimes mêlées peuvent varier à l'infini.

DES VERS LIBRES.

Les **strophes** composées de vers d'inégales mesures, rentrent dans la catégorie des **vers libres**.

Les **vers libres** ne sont assujettis à aucune règle pour la combinaison des rimes, pour le nombre de syllabes ni pour la quantité de vers qui entrent dans une strophe.

Le poëte suit son goût et son caprice selon ses inspirations et l'effet qu'il veut produire, mais sans jamais s'écarter des lois de l'harmonie, de la cadence et des règles générales de la poésie.

EXEMPLES DE **Strophes à vers libres** :

Vers de 8 syllabes.   Tec'het a ra saoz pen da benn,
— 8 —   Pa leveromp-ni : Torr he benn !
— 4 —   Ni zo bepred
3 —   Bretonned !
— 6 —   Bretonned tud Kaled !

BRIZEUX. Telen arvor. (*La harpe armoricaine.*)

Le Saxon fuit sur toute la ligne,
Quand nous disons, nous : casse-lui la tête !
Nous sommes toujours Bretons,
Bretons de race forte !

Vers de 6 syllabes.   Displek da askellik !
— 6 —   Ma Fubuen goantik !
— 4 —   Mistr ha kempen,
— 6 —   War gribel ar c'hoummen
— 6 —   Nij, ken herruz, ker skan
— 4 —   Hag ar gwelan.

Ar Fubuen, dialecte de Cornouaille.
Bombard Kerne, page 46, par PROUX.

Déploie tes ailes, mon gentil *Moustique !*
Pimpant et coquet, sur la crête des vagues,
Vole aussi rapide, aussi léger que la mouette.

Vers de 5 syllabes.   Tonna hop lakat,
— 2 —   Berr pad ;
— 7 —   Ann hini an espernaz,
— 3 —   A gavaz.

TROUDE.

Toujours prendre et ne jamais mettre,
Vous met biontôt un homme à sec ;
Qui veut s'assurer du bien-être,
Ne doit trop se rincer le bec.

Dans la **Prosodie bretonne** de **Breuriez Ar Feiz** (Confrérie de la Foi),
on trouve deux exemples de **vers libres** de M. Guizouarn. Comme c'est
son habitude, ce vrai poëte compte chaque voyelle pour une syllabe, sauf dans un
petit nombre de cas. Bien entendu que **eu** sont considérés comme une seule
lettre de même que **ou**.

Vers de 12/6 syllabes.	Pa vezo ann heol deut da gas e biou
— 9 —	Ann erc'h, ar grisil hag ar riou ;
— 8 —	Pa luc'ho war hor penn adarz ;
— 7 —	Pa welimp al laboused,
— 7 —	Ann aered, ar glazarded,
— 8 —	Oc'h heolia tost d'ar c'harz,
— 12/6 —	Kas a rai ar Post d'ann ti em' oc'h ebarz,
— 5 —	Eur ganaouen
— 5 —	Drant ha laouen,
— 9 —	Gret dre c'hoari ha dre c'hoarz.

Guizouarn.

Quand le soleil sera venu pour chasser
La neige, le grésil et la froidure ;
Quand il luira sur notre tête d'aplomb ;
Quand nous verrons les oiseaux,
Les couleuvres et les lézards,
Se chauffer au soleil près de la haie,
La *Poste* vous portera dans la maison que vous habitez,
Une chanson
Vive et joyeuse,
Faite en jouant et en riant.

Vers de 8 syllabes.	Ar gwin, ar zist, ar gwin-ar-dan,
— 6 —	Zo mad da bep-unan,
— 7 —	Egiz al lez d'ar babik,
— 7 —	Ar c'hafe rouz d'he vammik,
— 8 —	Ar berad gliz d'ar c'holin besk,
— 6 —	Ha dour al lenn d'ar pesk.

Guizouarn.

Le vin, le cidre et l'eau-de-vie,
Nous sont utiles à la vie,
Comme au nouveau-né le lait doux,
A sa maman le café roux,
La rosée au lapin sauvage,
La rivière au poisson qui nage.

Les exemples de **vers libres** sont assez rares en Breton, et il n'est pas facile d'en trouver. Le moyen le plus simple de s'en procurer, serait peut-être encore d'en fabriquer. Essayons-en un ou deux !

Vers de	6 syllabes.		Ma vijen e kærhom,
—	2	—	E chom,
—	6	—	Hem bije bep mintin,
—	4	—	Heb c'hoarzin,
—	6	—	Ur skudellad læz tomm
—	2	—	Gant rhum.

Si j'étais à kerhom, à demeurer,
J'aurais chaque matin, sans rire,
Une écuellée de lait chaud avec du rhum.

Autre traduction.

Si j'étais à Kerhom
   At home,   (à la maison)
J'aurais chaque matin,
   C'est bien certain,
Du lait trait sous le chaume,
   Au rhum.

Eugène LE Bos.

Vers de	12/6 syllabes.		Pa vez bet pell gant er'h, grizil ha rivadur,
—	6	—	Sonnet ann yzili,
—	12/6	—	He vez gwelet gorde, gant kalz a blijadur,
—	6	—	Nijal ar guimili !

Quand on a eu longtemps par la neige, la grêle et la froidure,
   Les membres engourdis,
On voit ensuite, avec beaucoup de plaisir,
   Voler les hirondelles.

Autre traduction.

Après un long hiver, la neige, le gros temps
   Et les bises mortelles,
On voit avec plaisir, quand vient le beau printemps,
   Voler les hirondelles.

Eugène LE Bos.

Comme on peut en juger par les exemples qu'on vient de voir, les poètes bretons se permettent, en ce qui concerne la mesure des vers, des licences assez grandes pour ne pas dire excessives ou désordonnées.

Ainsi, M. Milin qui écrit dans le dialecte de Léon, compte pour six syllabes le vers suivant de son *Laouenanik-Breiz :*

Ar c'heaz paour bihanik.

Pour tout Léonnais keaz compte pour deux syllabes. Les Trécorrois et les Cornouaillais ne font qu'une seule syllabe de ce mot, mais ils le prononcent kæz. En supprimant le mot paour qui, en Léon, a deux syllabes aussi bien prononcées qu'en français dans **Pays**, M. Milin aurait eu son exacte mesure de six syllabes :

Ar c'heaz bihanik.

Quelques poètes **Léonnais**, s'appuyant sur l'**autorité** de M. Le Gonidec et acceptant aveuglément *Le Gradus ad Parnassum* de son dictionnaire, ont cru pouvoir suivre l'exemple des anciens Bardes qui ont écrit dans les dialectes de Tréguier et de Cornouaille.

Ils n'ont pas réfléchi que c'est la manière de prononcer qui décide du nombre de syllabes qu'il y a dans un mot et que ce nombre de syllabes doit varier, si la prononciation change. Ainsi on prononce,

  A Morlaix : Aot, grève, comme en français hôte ;
   — Moan, mince, — — moine ;
   — Leaz, lait, — — laize.

Avec cette prononciation, ces mots ne doivent forcément contenir qu'une seule syllabe.

Mais on prononce,

  A Saint-Pôl : Aot, grève, comme en français à hotte ;
   — Moan, mince, — — mò anne ;
   — Leaz, lait — — lai aze.

Alors nécessairement ces mots forment deux syllabes.

Une licence qui se trouve assez souvent dans les poésies légères et qui ne peut être permise aux bons poètes, c'est de compter ao, oa, eo, pour une seule syllabe dans un vers et pour deux syllabes dans le vers suivant. Exemple :

Vers de 8 syllabes. Ar miliner, lăĕr ar blṻd,
       Ha vo dãonet beteg he vṻd,
       Hag he vṻd, ann dăŏnētă,
       Haz āĭ enn tan da genta.

       Le meunier, voleur de farine,
       Sera damné jusqu'au pouce,
       Et son pouce, le plus damné,
       Ira dans le feu le premier.

            Vieux dicton.

Ici lăĕr, āĭ comptent pour deux syllabes.
Ao forment une seule syllabe dans dãonet, en tout deux syllabes.
Ao forment deux syllabes dans dăŏnētă, en tout quatre syllabes. C'est par la raison que ao forment la pénultième dans dãonet, ce qui n'a pas lieu dans dŏănētă. L'exemple est mal choisi.

Si les poètes se permettent des licences, les prosateurs en prennent bien d'autres. Il en est qui se figurent écrire en Breton, parce qu'ils ont fait usage de quelques terminaisons bretonnes appliquées à des mots français ou latins.

Une chose à éviter pour **le Breton** et cela avec le plus grand soin, c'est d'imiter l'exemple de ce cuisinier qui, pour prouver qu'il connaissait le **Latin**, répétait à chaque instant :

   Prendebo cuilleram et fourchettam.
   Je prendrai une cuillère et une fourchette.

Pendant longtemps ce style a fait école parmi certains écrivains bretons et a été adopté avec enthousiasme par plusieurs prédicateurs qui le trouvaient charmant, très-commode et élégant. M. Le Yaouank, surtout, lisez Le Jeune, de Plabennec, l'a fait briller de tout son éclat, dans son *Rudiment du Finistère*, imprimé à Brest l'an VIII de la République.

Certaines grandes dames, mi-cuisinières, qui aiment à faire leur marché, trouvent aussi ce langage très-distingué (distinget). Elles demanderont sans sourciller à un paysan ou à une paysanne :

Ha ta goaz !   Pe gement ar bécasse ?   Au lieu de : Ar c'hevelek.
He bien donc homme ! Combien la bécasse?

Ha ta maœvez !   Pe gement ar saumon?   Au lieu de : Ann eok.
He bien donc femme ! Combien le saumon ?

D'ailleurs c'est la traduction donnée à ces mots dans certains colloques Français-Bretons.

Après cela, si les chercheurs d'étymologies ne trouvent rien à glaner dans de pareils livres, c'est qu'ils y auront mis de la mauvaise volonté.

M. Le Brigant, de Pontrieux, dans sa grammaire intitulée *Éléments succints de la langue des Celtes-Gomérites ou Bretons*, imprimée à Brest, l'an sept de la République, nous apprend (page 5) que Mlle Adilé, une aimable habitante d'Avranches, lui sauva la vie et à trois de ses vingt-deux enfants.

Pest ! comme il y allait !! ce n'est pas à lui qu'on aurait pu faire le reproche de laisser la France se dépeupler !!! Si les fils tiennent de race, il ne manquera pas de Brigant dans le pays !!!!

Quelque jolie **Léonarde** aura été cruelle à son égard et il s'en venge en critiquant le langage des **Léonnais;** c'est de bonne guerre. **Lache faire,** dit-il (page 37), j'aurai bien ma revanche.

Il n'aimait pas le z qui est si souvent employé par les belles **Léonardes** et qui d'après lui, fait de leur dialecte, l'**Italien** des Bretons (page 37).

M. Le Brigant n'y allant pas par quatre chemins, n'était pas amateur des zigzags, cela se comprend. Il allait droit au but et par le plus court chemin, comme il le disait à Voltaire (dans son avant-propos), car ils étaient amis comme co, o, o, comme copains ou compère et compagnon.

Après tout, M. Le Brigant est le seul qui ait reconnu que Mont, aller, Beza, être et kaœt, avoir, sont les verbes fondamentaux du Breton, servant à conjuguer tous les autres. C'est pour cela qu'il prétend que tous les ânes ne sont pas en Arcadie.

M. Le Brigant n'aime pas les répétitions, il commence par le déclarer. Il n'en a commis qu'une seule dans sa grammaire et il s'empresse d'en demander pardon à Dieu et aux hommes (page 4). Il a bien eu vingt-deux enfants, mais il n'appelle pas cela des répétitions.

Fidèle à son principe « *time is money* » M. Le Brigant ne donne que les temps simples des verbes Mont, aller, Beza, être et Kaœt, avoir. Il trouve ridicule d'entrer dans des détails et voici son opinion sur les grammaires bretonnes en général et sur celle du Père Grégoire en particulier (voir son avant-propos, page 3).

« Une des plus tristes et des plus absurdes, a été la dernière grammaire du
« pauvre capucin **Rosternen**, qui, en forgeant treize à quatorze conjugaisons
« sans en donner une, présentait des choses aussi inutiles que la barbe des
« capucins :

> « Eun dra da ober, un dra ret :
> « Trohan barv ar gapucinet.

> « Une chose à faire, une chose nécessaire:
> « C'est de couper la barbe aux capucins.

Un Brigant ! ça demande toujours à couper quelque chose !!!

D'après M. Le Brigant, de Pontrieux, le Breton est une langue précise, concise
et admirable ! Il s'écrit comme il se parle et il se parle comme il s'écrit.

Après des explications aussi claires que ça, si vous ne connaissez pas le
Breton à fond, ce n'est pas de sa faute, c'est que vous n'êtes pas intelligent !!!

VA PARAITRE PROCHAINEMENT

La deuxième livraison de cet ouvrage, qui fera voir que le travail du Père
Grégoire de Rostrenen, n'est pas aussi inutile que veut bien le dire M. Le Brigant
de Pontrieux.

Nous allons faire subir un petit examen de conscience au bon Père Capucin,
car il ne faut pas oublier qu'il s'agit ici d'une simple causerie et non pas d'une
étude à faire dormir debout.

Quand une question ne vous intéresse pas momentanément, tournez le feuillet
et tout est dit. Vous y reviendrez plus tard, c'est presque certain.

En Breton il y a sept voyelles pures, chacun des sons eu, ou, comptant pour
une seule lettre. Alors nous avons :

> a, e, i, o, u, ü, ou.

ü a le son de eu dans Feu, Peu, Jeu, Heureux, Peureux.
ou a le son de ou dans Bijou, Coucou, Joujou, Loulou, Toulouse.

Dans cent ans d'ici, on adoptera aussi put-être en France, un seul caractère
pour représenter chacun des sons *eu*, *ou* et alors on arrivera à imprimer quelque
chose dans ce genre :

> Fü, Pü, Jü, Hürüx, Pürüx.
> Bijou, Coucou, Joujou, Loulou, Toulouse.

> *Boudeur, Couleur, Coureur, Mouleur, Rousseur.*
> Boudür, Coulür, Courür, Moulür, Roussür.

L'emploi des voyelles œ, œ, au lieu de eu, ou, peut
être d'un usage aussi pratique dans les manuscrits
qu'en imprimerie. En voici la preuve :

Pa de er hi Kiger da arzal,
He teont da gregi ar re all ;
Hai boh ez roet d'hin er ger vad,
Red eo ho trugarekaat.

D'ann aotro xxx.

Quand un chien de bocher aboie, et c'est dans l'ordre,
Tos les chiens du quartier arrivent par vos mordre ;
Vos m'avez donné, sol, de l'encoragement,
Je vos dois, sans mentir, un chaud remerciment.

Eugène Le Bos à Monsier xxx

La personne à qui ces paroles s'adressent,
porra facilement s'y reconnaître.

Paris. — Imprimerie polyglotte L. HUGONIS, 56, rue Notre-Dame de Lorette.